किधर चलूँ जो तुम मिलो

पवन सिंह

Made with ❤ on the Notion Press Platform
www.notionpress.com

मेरे स्वर्गीय दादाजी, स्व० राम शरण सिंह,

जिन्हें मैं नाना पुकारता था,

को समर्पित -

जिनका साथ मुझे मेरे जीवन के दसवें साल तक ही मिला -

जिन्होंने मुझमें संगीत के सुर की समझ दी- जिन्होंने मुझे
जीवन में अनुशासन के अनेक रंगों को समझना सिखाया -

जिनके आशीर्वाद को मैने महसूस किया -

अपने अस्तित्व में- हमेशा ।

क्रम-सूची

क्रम-सूची

प्रस्तावना

पवन और मैं भारतीय रेल में एक साथ ज्वाइन किए थे- भूली ट्रेनिंग संस्थान धनबाद में। बाद में वह बैंक की सेवा में चला गया। भूली ट्रेनिंग कैंपस के उन नौ महीने की दोस्ती कब पुरानी हुई - आजतक हमें पता नहीं चला। पोस्टकार्ड पर बातचीत से लेकर मोबाइल युग में भी हमारी बातों में परिवार, समाज, देश, दुनियाँ के संदर्भ की बातों में अक्सर ही साहित्य सहजता से आता रहा है ।

पवन ने जब मुझे बताया कि उसे अपने कविता - संग्रह का प्रकाशन करना है - और मुझे ही इसकी प्रस्तावना लिखनी है - तो एक पल के लिए मैं वर्तमान साहित्य - संसार के मूर्धन्य समालोचक एवं साहित्यविद् की उपलब्ध सूची में खुद को ढूँढ़ने लगा कि मैं किधर हूँ ? पवन को जितना भरोसा अपने पर है, उतना ही मेरे पर - और उतना ही इस कविता - संग्रह के पाठकों पर । तो मैं भी बिना बहस किए मान गया कि मैं प्रस्तावना लिखूँगा।

प्रस्तुत कविता - संग्रह हृदय में निवास करने वाली उन कोमल भावनाओं के लिए मखमली स्पर्श है जो कहीं न कहीं यूट्यूब जनित अश्लीलता से भरे हास्य से या फिर किसी वाद क्रांति की बन्दूकवादी कविता से दब गई है। ये कविताएँ एक महान कवि कहलाने के लिए नहीं लिखी गई है । जब आपको जीवन में गहरे पानी पैठ वाली स्थिति प्राप्त हो तो "महान" एक छोटा सा लफ्ज़ - एक ख्याल भर है।

ज्यादातर तीन दशक पहले की लिखी ये कविताएँ काव्य - समुद्र में प्रवेश को इच्छुक पाठक के लिए आरंभ की कविताएँ हैं । आप क्रमशः आगे गहराई में उतरते हैं तब आपका सामना जाति, धर्म, वर्ग, संघर्ष, शोषण या सर्वहारा की विवशता को रेखांकित करती उन्मुक्त कविताओं से होता है । यहाँ से जब आप पीछे मुड़कर देखते हैं तो प्रतीत होता है कि आरंभ में पढ़ी कविताएँ तो ओह ! कितनी सतही और छिछली थीं । पर एक विचित्र सा सच यह भी है कि हर मनुष्य के जीवन में जैसे सैकड़ों अनगिनत सत्य एक - एक कर उतरते और आकर्षणहीन होते जाते हैं, वैसे ही वैचारिक यात्रा में इन उन्मुक्त कविताओं का शोर या जर मद्धिम पड़ता जाता है ।

और फिर से-- आरंभ में पढ़ी कविता - चाँद, सूरज, बारिश की रिम - झिम मन मस्तिष्क को सराबोर करती हैं और ये तुमुल कलह कोलाहल में हृदय की बात बन जाती है ।

मुझे लगता है कि हर युवा को इन कविताओं से रूबरू होना चाहिए जिसे शब्द देने वाला कोई साहित्य का नामचीन पुरोधा नहीं है । यह इसलिए कि पढ़ते-पढ़ते क्या पता सबके ही दिलों में साहित्य के वे स्वर फूट कर उनकी कविताओं के शब्द बन जाएँ - जो शायद इसीलिए अबतक अप्रकट हैं कि कौन पढ़ेगा उन्हें ? तो आइए - पढ़िए और निकलने दीजिए - आपकी अपनी कविता ।

राजेश कुमार
(मुख्य नियंत्रक, आसनसोल मंडल, पूर्व रेल)
दिनांक: 11 मार्च, 2023

शुभकामना पुष्प

अश्विनी कुमार
भा॰पु॰से॰

मुझे यह जानकर अत्यंत प्रसन्नता हो रही है कि मेरे परम मित्र श्री पवन कुमार सिंह जी की कविता संग्रह का प्रकाशन हो रहा है।

वर्तमान समय की जीवन शैली और भागदौड़ भरी जिंदगी में कुछ ऐसा जो तनाव से मुक्त एक भावनात्मक विश्राम की ओर ले जा सके, उसमें कविताओं का बेहद अहम स्थान होता है। श्री पवन जी की रचना में मानवीय सरोकार का आभास मिलता है । यह रचना जहाँ एक ओर विचारोतेजकता की नम्र विनती करता दिखता है, वहीं दूसरी तरफ एक कवि के रूप में इनकी विलक्षण प्रतिभा और लेखन मूर्धन्यता को प्रदर्शित करता हुआ नज़र आता है।

मुझे विश्वास है कि श्री पवन जी की यह रचना एक मील का पत्थर साबित होगा और पाठकों को इनकी और अधिक रचनाएँ नए कलेवर के साथ मिलती रहेंगी ।

मेरी तरफ से श्री पवन कुमार सिंह जी को उनके इस संकलन के प्रकाशन के लिए बधाई एवं बहुत शुभकामनाएं।

अश्विनी कुमार

दिनांक: 11 मार्च, 2023

भूमिका

मैं हूँ पवन, पवन सिंह। बिहार में जन्म हुआ था, अभी ग्रेटर नोएडा वेस्ट में रहता हूँ।

कुछ करो - बड़ा करो - चलो कुछ करते हैं - कुछ बड़ा करते हैं - कुछ नया करते हैं। करूँगा - क्या करूँगा ?

मैं आत्मकथा लिखूँगा, कहानियाँ लिखूँगा, कविता लिखूँगा । पर मैं सेलिब्रेटी की सूची में हूँ क्या ? कौन पढ़ेगा मुझे ? कौन तय करेगा कि मैं कब सेलिब्रेटी बना ? तब तो प्रतीक्षा का अंत नहीं ।

मैंने तय किया कि मैं जितना हूँ वही मैं हूँ - पूरा सम्पूर्ण । और शुरुआत के लिए मेरे पास है - मेरी कविताओं का संग्रह । वर्ष 1985 में मैं पहली कविता लिखा था । फिर मेरी जिन्दगी में आई मेरी बेटर हाफ इला, जिसे हम पम्मी पुकारते हैं - जो मेरे अन्दर की हर कविताओं को मुझसे रूबरू करा दी । थैंक यू पम्मी, आइ लव यू। फिर और लिखा, आज तक लिखा ।

बेटा यशस्वी (शानु) अपने बचपन में कहता था- "पापाजी आपकी इन कविताओं की किताब मैं छपाऊंगा"। मैं मुस्कुरा भर देता था, सोचता था -

" क्या सच में यह संभव होगा?"

आखिर में-

कोई कुछ भी कर सकता है और मैं भी ।

पावती (स्वीकृति)

वतनराज: हमारे घर का सबसे छोटा बेटा, जिसने इस किताब का खूबसूरत कवर डिजाइन बनाया और मुझे कम्प्युटर पर लिखना सिखाया - खासकर ऑनलाइन प्रकाशन के सॉफ्टवेयर पर ।

यशस्वी: मेरा और मेरी पम्मी का बेटा और हमारे घर के तीन बेटों में दूसरा बेटा, जिसने आनलाइन प्रकाशन ढूँढ़ने से लेकर इस प्रोजेक्ट को शुरू कराने का बीड़ा उठाया और इस किताब को छपवाने के अपने बचपन में किए वादे को पूरा करना हमेशा अपना लक्ष्य रखा ।

अपूर्व: हमारे घर का सबसे बड़ा बेटा, जिसने एक बड़ी लाइन खींचकर हम सभी को और खुद को भी बड़ी लाइन के होने का अर्थ समझाया है । कुछ बड़ा करो ।

आमुख

जब आप लिखते हैं- खासकर कविता, तो आप उस पल पवित्र हो जाते हैं- पुलकित हो जाते हैं । आप प्रकृति के उस अलौकिक भाव में रहते हैं, जिसमें सब समान हैं । कोई बड़ा नहीं - कोई छोटा नहीं, कोई महान नहीं - कोई तुच्छ नहीं ।

अब जब आप मेरी कविता पढ़ रहे हैं, तो खुद कविता में समा जाइए - उतर जाइए, क्योंकि कोई कविता किसी लेखक की नहीं होती । कविता के सारे शब्द और भाव प्रकृति की असीमित परिधि में पहले से मौजूद हैं - कण-कण में, हर मानव मन के अन्तःकरण में, जो लेखक के चुने शब्दों के बहाने आप तक पहुंचते हैं ।

शानु, मुनियाँ - ये हमारे बेटा और बेटी के नाम हैं - जिसे हमने उनके जन्म के पहले ही सोच रखे थे । मुनियाँ तो आई नहीं - शानु आया । एक कविता जो मैंने अपने बेटे शानु (यशस्वी) के जन्म पर लिखा था, इसे सुनिये -

शानु ! तुम आ ही गए,

छुपके, छुपाके,

मुनियाँ को छोड़ आए -

ऊँगली छुड़ा के ।

थोड़ा सा डरा के -

हमें तू रुला के,

रुलाते रुलाते -

फिर हँसा ही दिए,

शानु ! तुम आ ही गए ।

भले ही ये मैंने अपने बेटे के लिए लिखा - पर ऐसी खुशी, ऐसे भाव किस पिता को नहीं आते ?

एक और कविता जो अन्दर के पृष्ठ पर भी है - जो मैंने अपनी बेटर हाफ के लिए उनके जन्म दिन पर लिखा था, जो उस समय तक मेरी नहीं बनी थीं, इसे सुनिये -

एक और कदम -
तूने बढ़ा दिए,
मेरे पास आने के लिए ।
कुछ शब्दों की दुआ से -
दिल तो नहीं भरता,
चन्दा और सितारे -
जमीं पे उतार सकता ।
पर वे भी कम हो जाते -
तेरी सोलहवें साल के लिए ।

कैसे मै दावा करूँ कि ये मेरे शब्द हैं, मेरे भाव हैं? प्यार, स्नेह, समर्पण, ममता, करुणा - ये सब प्रकृति के शब्द हैं, प्रकृति के भाव हैं। सिर्फ किरदारों के नाम बदल जाते हैं- गीत वही रहते हैं।

तो फिर स्वागत है --

1. देखो, वो सामने है कल

कुछ नहीं था कल,
देखो, वो सामने है कल ।

सुन्दर सुहानी सुबह-
रिमझिम बारिशों की कल-कल,
खेलते चिड़ियों के स्वर-
रजनीगंधा और पुष्पकमल,
नीले अम्बर का साथ-
असीम दुआएँ निश्छल ।

खोलो तो आँखें एक पल,
देखो, वो सामने है कल ।

2. ऐ पथिक! विश्राम कर

विश्राम कर, विश्राम कर,
ऐ पथिक! विश्राम कर ।

थक गया चीर-चीर,
आँखों में सूखे नीर,
हर-हर कर किसका धीर,
हर न सका अपना पीड़,

गति को विराम कर,
ऐ पथिक! विश्राम कर।

सत्य है जो झूठ था,
झूठ है जो सत्य था,
मत चीर-चीर इतनी व्यथा,
न सत्य था न झूठ था,

वर्त को प्रणाम कर,
ऐ पथिक! विश्राम कर।

3. सूरज ! तू आना न भूलना

चाँद तारे सब आ रहे हैं,
सूरज ! तू आना न भूलना।
कैसे सहेंगें तेरे रूप को हम,
ऐसे बहाने तू न कहना।

"फीकी पड़ेगी तेरी चाँदनी-
डरती हो चाँद आने से तुम,
उन माथे पे झिलमिल-
बिन्दिया की टिमटिम-
होश होंगें तेरी तारों के गुम।"

शरमाए थे दोनों, फिर हाँ बोले,
बोले, अब और हमें न शरमाना।
तेरे रूप को खुद में समा लेंगे हम,
मेरी हद को तू आजमा लेना-
सूरज ! तू आना न भूलना।

4. तू सच्चा सुख है, अमर-अमर

सुख, समृद्धि, यश, सम्मान -
झुका सामने आसमान -
हर तरफ खुशियाँ ही खुशियाँ,
कोलाहल बन गया गान ।

भागा,दौड़ा, इधर-उधर -
शांत हुआ -
जब रुका छिपकर,
जैसे छिपा -
पश्चिम में दिनकर ।

दुनियाँ की सारी खुशियों में -
जब चला ढूँढने-सबसे इतर,
एकाकी ओ तन्हाई !
तू सच्चा सुख है - अमर-अमर ।

5. किधर चलूँ जो तुम मिलो

एक सुबह मैं खुद से पूछा -
किधर चलूँ जो तुम मिलो ।
हर तरफ बस तुम ही होती -
चलूँ उधर जो तुम मिलो ॥

चला जिधर वो तेरा घर था -
रुका वहाँ जो तुम मिलो ।
कहाँ चलें क्या हमें पता था -
चलें वहाँ जो तुम मिलो ॥

खेल-खेल में खोए हम-तुम -
ढूँढ़ा फिर जो तुम मिलो ।
मैं मिला तुम कब मिलोगी -
छिपी कहाँ जो तुम मिलो ॥

वो देखो वो तुम वहाँ हो -
रुको वहीं जो तुम मिलो ।
रूप बदल के , नाम बदल के -
आजा यहीं जो तुम मिलो ॥

6. आ सुनाऊँ अपनी कहानी

आ सुनाऊँ अपनी कहानी,
फिर तू सुनाना कहानी अपनी ।

मुझे पता है तेरी कहानी,
पता तुझे है मेरी कहानी ।

फिर भी सुनेंगे अपनी कहानी,
मेरी जुबानी तेरी जुबानी ।

पलकों में आए आँसू हमारे,
इक दूजे से सुन अपनी कहानी ।

इक दूजे को जो आँसू दिये थे,
नहीं सुनाए अपनी जुबानी ।

मेरी सबसे अच्छी कहानी,
उससे भी अच्छी तेरी कहानी ।

7. मन ही मन की याद हमारी

पीछे से आवाज़ तुम्हारी,
बहती हवा पे चलके आई-

"रुक जाना बस-मैं भी चलूँगी,
साथ तुम्हारे मैं भी चलूँगी ।
ये देखो - बनके तितली मैं,
उड़ के आऊँ पल भर में ।
खोयी हुई सारी खुशियाँ मैं,
पा लूँ फिर से पल भर में ।"

बहती हवा फिर लौट के आई-
सुन रही मैं- आवाज़ तुम्हारी -

"रुक तो गया -पर दूर बहुत मैं,
काफी दूर निकल आया मैं ।
देखो उधर - इक हमसफर है,
वो भी तुम्हें ही ढूँढ रहा है ।
संग-संग फिर चलते आना,
क्यों तितली बन उड़ के जीना ।"

मन ही मन की याद हमारी,
बहती हवा में बसती रहेगी------

8. आ चल बिछुड़ चलें हम

कभी दूर हो के तुमसे -
कभी दूर न हो सके हम,
तेरे पास आके फिर भी-
तेरे पास न आ सके हम ।

तुम दूर हो जो हमसे -
कभी सोचते भी ना हम,
यूँ आएँगे पास तेरे -
जैसे नहीं गए थे हम ।

कब दूर थे तुम हमसे -
कब पास-पास थे हम,
ये सोच-सोच हर लम्हे-
बस चलते चले गए हम ।

बहुत दूर आ गए अब -
रुक जाएँगे यहीं हम,
चिर पल का साथ होगा -
आचल बिछुड़ चलें हम ।

9. तू बस जीता जा

ऐ जिन्दगी !
तू जी भर कर जी ।
मैं हूँ न - तेरी सांस -
रहेगी आखिरी दम तक - तेरे साथ ।

पर तू सांस गिन मत,
गिन-गिन के थकने दे-
सदियों को - सदियों तक ।

तू बस जीता जा -
गिनने दे उसे,
थकने दे उसे,
तू बस जीता जा -
बस जीता जा ।

10. जिन्दगी ! मत डर

जिन्दगी ! मत डर ।
क्यों भटका रही तू -
इधर-उधर ?
ले चल मुझे,
मृत्यु खड़ी है जिधर ।
ले साथ हमसफर का -
शुरू फिर से करूँ सफर,
जिन्दगी में-
फिर से उतर ।

जिन्दगी ! मत डर ।
निकला करेगा -
यूँ ही क्षितिज पर,
नहीं तू जो रहेगा -
इस धरा पर,
बड़ी मशक्कत से आखिर -
'हाँ' - कह दिया है दिवाकर ।

11. किसने कितना प्यार दिया है?

गमों के बोझ तले ज़िन्दगी -
जब सह न सकी-
और अधिक बन्दगी,
तंग आकर - बोली मुझसे से रोकर -

"छोड़ भी दो मेरा दामन,
जब तुम दे न सके कभी -
मुझे खुशियों भरा आँगन ।
सपना दिखाया था,
आसमां के सितारे लाओगे - मेरे लिए ।
बेवफा निकले तुम,
गमों को सौत -
बना लाए - मेरे लिए ।"

उसे रोते-
नहीं देखा गया मुझसे,
"कल सुबह विदा कर दूँगा"
- तब मैंने कहा उससे ।

गम, मेरी मुहब्बत - सुन रही थी-
चुपचाप सारी बातें,
बोली- आकर सामने -
"क्यों करते - उसकी इतनी यादें ?"

"छोड़ मुझे जाओगे तुम -
मेरा-फिर क्या होगा ?
तुम जैसा प्यार मुझे -
क्या औरों से मिलेगा ?"

"आँसू का सावन बरसाई -
तेरे इस उजड़े जीवन में,
छोड़ मुझे तुम जा रहे हो -
आकर तुम उसकी बातों में ।"

"मेरी कसम लेकर तुम बोलो -
किसने कितना प्यार दिया है ?
कौन कितना तेरे साथ रहा है ?
फिर तुम ये कहना कि -
मुझको रहना या जाना है ।"

मैंने कहा- ऐ गम ! मेरी मुहब्बत !
मत रो,
नहीं देखा जाता-
मुझसे तेरा रोना,
तूने इतना प्यार दिया है -
तुम्हें ही बनाऊँगा अपना ।"

अब तो जिन्दगी रो रही है -
गम को मेरे साथ देखकर,
सच, मैं तो खुश हूँ -
अपनी इस मुहब्बत को पाकर ।

12. मैं कविताएँ लिखना शुरू किया हूँ

दिल को फिर चोट लगी,
पर इस बार तो हद हो गई ।
बहुत चाहा पर रो न सका,
आँसू भी आज-
आँखों में आ न सका ।

" आँसू मेरा दोस्त -
मुझे इतना चाहता है,
जी जब-जब उदास होता है -
चला आता है,"
- यह कहकर दिल को-
तसल्ली दिया करता था,
आज अहसास हुआ -
वह सब एक धोखा था ।

आज मैं देख रहा हूँ -
अपने अन्दर बैठी -
अपनी शैतानियत को,
चार अक्षर क्या पढ़ लिया -
समझ लिया काबिल - अपने आप को ।

हमेशा थोपता रहा दूसरों पर -
अपनी थोथी काबिलियत -
इसमें कोई बड़ाई नहीं थी ।
सिर्फ "नाम" आ जाना -
किसी किताब के पन्नों पर -
हिमालय की चढ़ाई नहीं थी ।

अब, जब सबकी आँखें -
खुल गई है- मैं क्या हूँ ?
अब, जब सब समझ चुके हैं -
मेरी थोथी दलील की चाल को -
मेरे चार अक्षर की बकबास को -

मैं मूर्ख!
अब भी अपनी आदत से -
बाज नहीं आया हूँ,
अपनी थोथी काबिलियत -
बरकरार रखने के लिए -
एक नई चाल - ईजाद किया हूँ -
मैं कविताएँ लिखना शुरू किया हूँ।

13. तभी तो वह चाँद है

एक अँधेरी रात में -
चुपचाप बैठा था छत पे -
किसी की याद में,
आँखें सूख रही थीं -
किसी को देख लेने भर की चाह में ।
लेकिन वो चाँद- पूर्णमासी का था,
निकलने का नाम ही न ले रहा था ।

मैंने दिल ही दिल उससे कहा -
"ऐ चाँद !
इतनी शरमाती हो -
अपना हसीन चेहरा दिखाने से,
पता है तुम्हें -
इधर मैं भी तर-बतर हूँ -
बिन देखे चाँदनी से।"

"डरता हूँ -
तुम्हारी चाँदनी को चुरा न ले -
ये मेरी प्यासी आँखें,
इसका क्या भरोसा -
इसकी तो पड़ी है - चुराने की आदतें ।"

" बादलों का घूँघट जब -
अपने चेहरे से हटाओगे -
चाँदनी मुझे दिखाने के लिए,
वादा ये रहा तब -
अपनी आँखें झुका लूँगा मैं -
चाँदनी तेरी बचाने के लिए ।"

" कोई गम न होगा -
मैंने तुझे आँखों से नहीं देखा,
बस इक अहसास दे दो -
कि चाँद ने -
बादलों से छिपकर भी तो मुझे देखा ।"

आशिक की फरियाद का असर हुआ -
बादलों का घूँघट हटा -
ऐसा लगा -
जैसे प्यार का सैलाब टूट पड़ा ।
मेरी प्यासी आँखें -
उसे देखने का साहस न कर सकी,
पर बिना देखे ही -
अनजाने प्यार की वर्षा से -
तर-बतर हो गई ।

चन्दा अब खुद भूल गई शरमाना-
मुझे इतना शरमाते देखकर,

बंद पलकों को - हौले से जगाकर
बोली -"ऐ अनजाने !
चुरा लो मेरी चाँदनी को -
अपनी दोनों आँखें उठाकर ।"

दिल की धड़कन रोककर -
खुशी से पागल होकर -
आँखें उठाया - देखा ऊपर,
हाय रे किस्मत !
कुछ ही पलों में -
क्या से क्या हो गया -
अभी तो चाँदनी थी -
फिर ये अँधेरा कैसे हो गया ?

कितनी तमन्ना से -
आँखें उठाया था - चाँदनी के लिए,
पर चारों तरफ -
अँधेरा ही अँधेरा था - मेरे लिए ।

किसी ने पीछे से कहा आकर -
"ये क्या हो रहा है ?
ये अँधेरी - अँधेरी रात में -
क्या ढूँढ़ा जा रहा है ?"
मैंने कहा - " चाँद -
यहीं तो था - अभी कुछ देर पहले ।"
वह हँसा - फिर बोला - " पगले !
अँधेरी रात में चाँद ?

मैंने तो कभी नहीं सुना -
आज से पहले ।”

“और यदि चाँद -
यूँ ही निकलने लगे -
किसी के यूँ ही आने से - छत पे -
तो “चाँद मेरी है - चाँदनी मेरी है”-
यही आवाज निकलने लगेगी-
हर घर के छत से ।

सच, चाँद तो सिर्फ अहसास है -
बंद आँखों से देखने के लिए,
तभी तो वह चाँद है -
और उसकी चाँदनी है -
सिर्फ तड़पने के लिए ।

14. हो गई है मुहब्बत मुझसे, तेरी नजर को

छोड़ कर चला जाऊँगा इक दिन -
मैं तेरे शहर को,
कैसे भूलूँगा मैं -
तेरी प्यारी नजर को ।

तू तो कर न सकी -
कभी दो बातें ही मुझसे -
जिसकी दिल में तमन्ना बनी है,
पर तेरी नजरों ने तुमसे छुप-छुपकर -
हर दिन देखा है मुझको -
हो गई है मुहब्बत मुझसे, तेरी नजर को -
ये शायद तुम्हें पता भी नहीं है ।

पता होगा तुमको यह उस दिन -
तेरी नजरों में खड़ा -
जब मैं न रहूँगा,
आओगी छत पर जब तुम कभी -
तुमको तो नहीं - तेरी नजरों को -
कुछ सूना सा लगेगा ।

परेशाँ होगी तेरी नजरें -
मुझे ढूँढ़ते ढूँढ़ते,
पर "कहाँ हूँ मैं"-
ये वह पूछेगी किससे ?
"ये नजरें हमेशा किसे ढूँढ़ती है ?"
यह पूछोगी तुम -
तब अपने ही दिल से ।

वो पत्थर भी तुमसे -
कुछ कह न सकेगा - तुम देखना,
जिसमें बसने की हर पल -
मैने संजोया है सपना ।

तेरी सागर सी नजरें -
तब चुप न रह सकेगी,
अपनी पलकें झुकाकर -
तुमसे कहने लगेगी -
"हर पल की रही -
जिसकी एक ही तमन्ना,
जिन्दगी भर इन नजरों में -
खुद को भुलाने की,
ढूँढ़ती हूँ उसे-
अब मिलता ही नहीं-
उसकी तमन्ना तू पूरी होने कहाँ दी ?"

कैसे हुई थी मुहब्बत मुझसे -
ये तुमको वह बताने लगेगी,
दास्ताँ कहते- कहते-
तेरी नजरें शायद रोने लगेगी ।

आरजू है मेरी तुमसे -
उसे रोने मत देना,
किए हैं जो भी अहसान -
तेरी नजरों ने मुझपर -
इसके लिए उसपर गुस्सा मत करना,
मुझसे फिर कभी-
ऐसा नहीं करने की -
उससे तुम इसकी कसम भी मत लेना ।

15. होठों पे तेरा नाम जब कभी आता है

होठों पे तेरा नाम -
जब कभी आता है,
होठों ने तुझे छू दिया -
दिल को अहसास होता है ।
सोचता हूँ छू दिया -
तुमसे पूछे बिना,
तू गुस्सा हो गई-
मुझको समझे बिना,
अश्क आँखों में आ गई -
मुझसे पूछे बिना ।

अश्क आँखों में आती है - तेरे लिए,
कैसे कह दूँ कि मत आ - तू मेरे यहाँ ।
वो तेरी यादों का तोहफा है - मेरे लिए,
कितना प्यारा है तोहफा - करूँ क्या बयाँ ।

ये अश्क नहीं - तेरी सौगात है,
प्यासे सावन की जैसे - ये बरसात है ।
इसको रखता हूँ पलकों में - बड़े प्यार से,
सोचता हूँ कभी - छलक न जाए कहीं

इतनी भी न दो - ये तोहफा मुझे,
गिर जाते हैं पलकों से - अब सम्भलता नहीं।

बोलो क्या दूँ तुझे - इस नये साल में -
एक दिल था - वो भी तुमको दे ही दिया,
क्या मिला तुमको देख - मैं हूँ किस हाल में,
दिल को हँस-हँसकर - तुमने तोड़ दिया।

टूटे दिल की कसम -
सच कहता हूँ सनम -
कुछ नहीं है यहाँ - इक गम के सिवा,
सारी जन्नत की खुशियाँ -
तेरी कदमों में हो,
सपने में भी आँसू -
न तेरी आँखों में हो,
इस दुआ के सिवा - तुझे दूँगा भी क्या ?

आज तक तुमसे कुछ - कभी माँगा नहीं,
इक आरजू है मेरी - आज ठुकराना नहीं ।
जब ढूँढेगी मेरी आँखें - तेरी सौगात को,
पलकों में आने से - रोकना तुम नहीं ॥

16. मैं बताता हूँ - मेरी लैला कैसी है

मजनूँ की लैला -
काली थी बिल्कुल -
अच्छी नहीं थी वह देखने में,
कोई न हँसता मजनूँ के लिए -
कि क्यों मर गया वह - लैला के गम में ।

उफ न किया था - लैला का दीवाना,
पत्थर की चोटें सहा था - लैला के लिए ।
सबकी आँखें भर आती है - उस याद में,
लैला रोई थी जब - अपने सनम के लिए ।

हँसता है जमाना - मेरी लैला पर,
जो सितारों के बीच चन्दा जैसी है ।
मेरी चन्दा है गन्दी सबकी नजर में,
जो मेरी नजर में - गंगा जैसी है ।

मैं बताता हूँ - मेरी लैला कैसी है,
वह तो जन्नत की इक परी जैसी है ।
मैं ही तो उसके काबिल नहीं,
वह तो किसी शायर के गजल जैसी है ।

हँसना है तुझे - तो हँस मुझ पर,
चल रहा हूँ मैं - अनजान राहों पर -
चन्दा को छूने की अरमान लेकर -
लाकर रहूँगा उसे मैं इस धरा पर ।

17. हाथ आगे बढ़ा दे

देख लेने दो जी भर के -
ये जालिम जमाना है सोया हुआ,
अपनी जिन्दगी को दूर इतनी देख -
रो रही है मेरी आँखें तो क्या हुआ ?

मुहब्बत मेरे !
हाथ आगे बढ़ा दे,
तेरी यादों के आँसू - अब थमते नहीं ।
करूँगा अहसास -
तेरी ऊँगलियों का - अपनी पलकों पे,
क्या हुआ -
तेरे हाथ यहाँ पहुँचते नहीं ।

18. जिन्दगी से मुहब्बत मुझे हो गई

जिन्दगी को यूँ ही - जिये जा रहा था,
जिन्दगी क्या है - मुझे मालूम न था ।
सूनी राहों में बस - काँटे ही थे,
कहीं फूल भी खिले होंगें - मुझे मालूम न था ।

सूनी राहों को फूलों से सजाकर -
फूलों की खुश्बू मन में बसाकर,
उन राहों को देखा -
तब आँखें उठाकर ।

रंगीन फिजाएँ उन फूलों की -
आँखों में आकर बस गई,
कुछ इस तरह से, कि -
जिन्दगी से मुहब्बत मुझे हो गई ।

19. तुम अगर मिल न सके

तुम अगर मिल न सके,
ये गीत सुना सकेगं किसे ?
मेरा दिल मुझसे पूछेगा -
"कहाँ गई मेरी धड़कन ?"
बताओ तुम ही -
तब क्या कह सकेंगे उसे ?

ये होठ मचल रहे हैं -
तेरे नाम को छूने के लिए,
आज यह खामोश है - चुप है -
शायद कल के लिए ।
तुम अगर मिल न सके,
बताओ तुम ही -
ये होठ फिर बुला सकेंगं किसे ?

ये आँखें तरसती हैं - हरपल-
तुझे अपने में बसाने के लिए,
आज यह रो देती है -
तेरी हल्की सी दीदार के लिए ।
तुम अगर मिल न सके,

पवन सिंह

बताओ तुम ही -
किसको फिर दिखा सकेंगें इसे ?

20. कोई गुलाब क्यों न टूटा ?

पेड़ से टूटा हुआ पत्ता -
रो रहा था - अपने टूटने पर -
भटक रहा था - इधर-उधर,
"मंजिल कहाँ है ?"
पता उसे नहीं था मगर ।

और हो भी कहाँ सकता ?
किसी रेगिस्तान में,
किसी सागर के - उफनते हुए लहरों में,
उड़ते-उड़ते, किसी गन्दी कीचड़ में,
या फिर मसलाकर -
रह जाता यूँही - सड़कों पर ।

राह चलता एक मुसाफिर -
उठा किया सम्भालकर पत्ते को -
ले गया उसे अपने घर को ।
फूलों का एक हँसता हुआ -
गुलदस्ता था उसके यहाँ,
उसी में सजा दिया -
उस सड़क के उड़ते पत्ते को ।

अपने को गुलदस्ते में देख -
पत्ता कभी खुशी के आँसू रोता -
अपने पेड़ से टूटने के लिए,
कभी गम के आँसू रोता, - कि
कोई गुलाब क्यों न टूटा -
अपने पेड़ से -
उस राह चलते मुसाफिर के लिए ?

21. "लौट जाओ"- ये मैं कैसे कहूँ तुमसे ?

अँधेरी रात का वो सफर,
मिल गए थे तुम -
कहीं इक मोड़ पर ।
चल दिए फिर तुम,
मेरे कदमों के निशां पर -
अपनी मंजिल से बेखबर ।

तेरा साथ मिला,
मुझे लगा - मेरा कोई अपना मिला ।
दो कदम के सफर में,
मेरे सूने दिल के आँगन में -
तेरे प्यार का -
एक प्यारा सा प्यार जन्म लिया ।
प्यार की हसीन खुशबुओं में,
फिर तो खुशियों का -
एक लम्बा सिलसिला चला ।

तेरे प्यार की पूजा -
मेरी जिन्दगी का मकसद बना,
पर, पूजा की फूल के लिए -

कुछ तो नहीं था मेरे पास -
दर्द भरे आँसुओं के सिवा ।

तेरी इजाजत मिली,
ऐसा लगा -
उस अँधेरी सफर में -
एक रोशनी मिली ।

सोचा था कभी-
यूँही भटकता रहूँगा-
इन अँधेरी रातों में,
पर तूने सहारा दिया -
बसा लिया मुझे -
अपनी प्यार भरी बाहों में ।

दूर रास्ते में कहीं पर,
बिखड़े पड़े है पत्थर -
हर कदम, इधर-उधर ।
उन पत्थरों से उलझकर -
गिड़ पड़ोगी - पता है मुझे,
उन पत्थरों को रास्ते से -
हटा भी न सकोगी - ये भी पता है मुझे ।

पर," मत चलो मेरे साथ"-
"लौट जाओ"- ये मैं कैसे कहूँ तुमसे ?
क्योंकि - मुझे मुहब्बत है ,
सचमुच, मुहब्बत है तुमसे ।

22. कह न सका

कई बार सोचा -
कि कह दूँ तुमसे,
दिल में जो गम के -
अफसाने हैं जितने ।

कह न सका -
शायद इक डर से,
छीन न लो मुझसे -
वो तराने प्यार के -
जो दुनियाँ से बचाकर -
सुनाए हैं तुमने ।

23. अपनी पदचिन्ह दे दो

होठ बँधे हैं -
कैसे कहूँ तुमसे,
पर कह देने की भी -
छटपटाहट है दिल में ।
एक इस कश्मकश में हूँ कबसे -
जो तूने दिए हैं-
अनजाने - बिनामाँगे ।

मैं खुद से -
शायद हार गया हूँ,
पर जिन्दगी - सिर्फ जीत तो नहीं ?
आखिर हारकर भी तो जी रहा हूँ ।

सभी चले गए -
दुनियाँ के पदचिन्हों पर,
किसी का पता नहीं -
दूर-दूर तक,
मैं शायद अकेला रह गया - राह पर ।

तेज आँधी उठी थी,
रास्ते के सारे पदचिन्हों को -
मिटा दिया,

तुमने तो लौटने के लिए भी -
मना कर दिया ।

मुझे भी तो ये सफर की इच्छा है,
उस गाँव में बसने के लिए -
जहाँ से एक रोशनी आ रही है -
सदा के लिए ।

सारी रश्मों को तोड़कर,
आ जाओ - मुझे वहाँ पहुँचा दो -
मेरे लिए अपने पदचिन्हों को देकर ।
तब मैं जीत जाऊँगा -
कोई गिला नहीं करूँगा,
तेरा सहारा ही तो है नियति,
कायर कहोगी - कहना जी भरकर ।

पर क्या मैं खुद बन गया -
या तुम बना दी ?
खड़ा था जब मैं - अनजाना बना -
उस तूफानी रात में,
तेज आँधी - समेटे जा रही थी -
सबकुछ अपने में ।
चुपचाप बना-
शून्य में असहाय बना -
किसी को खोज रहा था -पुकार रहा था-
शायद तुम्हें,
हाँ, सही याद पड़ता है- तुम्हें।

तुम कहाँ थी?
क्यों नहीं आई - मुझे थामने ?
तुमने तो वादा किया था -
मुझे अकेला नहीं छोड़ोगी - हर तूफान में ।
रास्ते के सारे निशान -
मिटा दिए उस आँधी ने ।
अब सिर्फ तुम -
मुझे पहुँचा सकती हो - वहाँ तक -
सिर्फ तुम ।

ये मेरी पश्चाताप की याचना है -
या प्यार का समर्पण -
मुझे मालूम नहीं,
यकीन करो -
मैं झूठा भी नहीं ।

ऐ मेरी प्यार की देवी !
तुम इन्कार तो नहीं करो,
मेरे लिए, मुझे -
अपनी पदचिन्ह दे दो ।

24. तुम्हारी जिन्दगी-
तुम्हारी नहीं, मेरी है

तुम्हारी जिन्दगी -
तुम्हारी नहीं, मेरी है -
हर पल के लिए,
आज इस जन्मदिन पर,
मन मेरा अनुत्तरित है -
एक पल के लिए ।

अपनी ही जिन्दगी को -
खुद दुआ दूँ
या उससे आरजू करूँ,
सलामत रखना उसे -
सिर्फ मेरे लिए ।

25. एक बार फिर पुकारो उनका नाम

देखता हूँ जब कभी -
शीशे में खुद को,
बेबस हुआ पाता हूँ -
जलती दो आँखों को ।

याचना भरी कराह से,
कहती रहती है मुझसे -
"बहुत जला हूँ -
और तपिश कैसे सहूँ,
सूखते जा रहे -
अश्क भी पलकों से,
एक ये भी न रहे -
तो क्या दे सकूँगा तुझे?"

"शायद सकून मिल जाता,
ये पलकें बन्द हो जाते - सदा के लिए ।
पर और जलूँगा,
पलकों को जलाकर भी -
शायद बचा पाऊँ -
अश्कों के दो बूँद - तुम्हारे लिए ।"

शीशे में वही मंजर-
अपनी आँखों का -
आज फिर देख रहा था,
अपना खुद का चेहरा -
जाना-पहचाना लग रहा था ।

होठ तड़प उठे,
पुकार उठे तेरा नाम -
थरथराते हुए -
"कहाँ हो तुम ? मेरे पास चले आओ ।"

तुम तो नहीं आए,
पर मेरे सामने ही -
अश्कों के दो और बूँद -
पलकों को छोड़ दिए,
चले आए - लुढ़कते हुए -
मेरे होठों पर - तुझे छूने,
कहने लगे -
"एक बार फिर पुकारो - उनका नाम ।"

26. मेरी जिन्दगी के रिश्ते! कहाँ हो तुम ?

ऐ ! मेरे खून के रिश्ते !
जब आपकी सांसों में -
नहीं रह जाते हैं -
भावनाओं के कुछ अर्थ - मेरे लिए,
तब,
मौन पड़ जाता है - मेरा अस्तित्व,
शिथिल पड़ जाते हैं - मेरी पलकें,
आँखों की लाल मट्ठी में -
छलक आते हैं -
अश्कों के सूखे हुए कतरे,
ठहरे हुए से लगते हैं -
मेरी हृदय - की अनुभूतियाँ ।
तब,
जज्बातों के थपेड़े सहते हुए-
तड़प उठती है ये मेरी साँसें -
कुछ शब्द बन जाने के लिए, कि -
"मेरी जिन्दगी के रिश्ते ! कहाँ हो तुम ?"

27. तेरी सोलहवें साल के लिए

एक और कदम -
तूने बढ़ा दिए,
मेरे पास आने के लिए ।

कुछ शब्दों की दुआ से -
दिल तो नहीं भरता,
चन्दा और सितारे -
जमीं पे उतार सकता ।

पर वे भी कम हो जाते -
तेरी सोलहवें साल के लिए ।

28. उफ! क्या यही प्रारब्ध?

क्या सच में,
भूली - भूली सी लगती है -
तुम्हारी अनुभूतियाँ ?
या सच में,
काफी भुला दिया हूँ -
तुम्हारी यादों को -
जो प्रतीक्षा सी बनी -
आती थी कभी - मेरे आँसू बनकर ?

समय का यह चक्र -
ठहरा हुआ लगता है,
एक शून्यता,
तुम्हारी - मेरी-
नजरों की अपलकता,
क्यों नहीं है -
इस ठहरे हुए युगों में ?

बाँधकर रख दिया है -
मेरे आँसुओं को - मेरी यादों को,
सिसकते हैं मेरे आँसू -

उस धेरे के पीछे - तुमसे कुछ कहने को,
तोड़ देने को बेताब हैं -
शून्यता की दीवार को ।

चारों तरफ,
कितना शांत, कितना निस्तब्ध,
हूँ मैं स्तब्ध,
मेरे आँसू -
भुला रहे अपना अतीत,
उफ ! क्या यही प्रारब्ध ?

29. तुम्हें भूल जाऊँगा, तुम्हें याद करने को

तुम्हें भूल जाऊँगा,
तुम्हें याद करने को ।
तुम्हें खो मैं दूँगा,
तुम्हें ढूँढ़ने को ।

आँसू लरजते थे -
सावन के बदले,
सावन की याद दिलाते थे ।
काँटे भी चुभते थे -
खुशबू के बदले,
फूलों की याद तो आते थे ।

तुम्हें खो के जाना, तेरी जरूरत ।
तू खो न जाना, मेरी हकीकत ।

30. उफ! लज्जा बहुत लगती मुझे

शैतानियत की हद -
तो ये कर दी -
कि तूने मौत दे दी,
इन्सानियत तो ये कर दी होती -
कि लाश दफन कर देती ।

चील कुत्ते नोच रहे -
दर्द नहीं लगती मुझे,
बारिशों के ओले गिरते -
चोट नहीं लगती मुझे,
बर्फ सी सर्द हवाओं से -
चुभन नहीं लगती मुझे ।

चले जा रहे हैं -
बगल से इन्सान गुजरे,
उफ! लज्जा बहुत लगती मुझे ।

31. इन्सान था वह, आखिर जागा

भूखे भेड़ियों से -
बचती भागती काया,
भागते, बचते -
एक इन्सान के घर, खुद को पाया ।

कृतज्ञ हूँ तुम्हारी,
उन भेड़ियों के -
नासूर जख्मों से -
बेदाग रही, ऋणी हूँ तुम्हारी ।

इन्सान अपनी गान -
कम सुना,
भेड़ियों की लार -
छटपटाती चीत्कार -
अधिक सुना ।

सुनते, सोचते -
खुद भेड़िया हो गया,
और एक दिन -
खुद भेड़िया बन बैठा ।

आखिर इन्सान था वह -
जागा,
जख्मी लोथड़े को -
आगोश में लगाया ।

32. दो मुझे विश्व शांति पुरस्कार

"मैं, दुयोधन पिता धृतराष्ट्र,
देखो - अंधा नहीं इस बार ।
दो आँखें - तुम्हारी तरह,
पर तब भी संजय ! तू बता -
वो कौन आ रही उसपार ?
तेरी दिव्य दृष्टि है अपार ।"

"कोई तो नहीं राजन !
पर किसका है इंतजार ?
और ये खड़ग ?
क्या फिर महाभारत महासमर ?"

"नहीं संजय !
नहीं होगी कोई जंग इस बार,
नहीं होगी जुए में अब भार्याहार,
नहीं होगी द्रोपदी चीर तार- तार,
नहीं होंगे पितामह शर्मसार,
नहीं देखेगा धृतराष्ट्र कुरुक्षेत्र हार,
अब होगा धृतराष्ट्र - प्रहार ।"

"न रहेगी बाँस -
न बजेगी बाँसुरी,
अब देख -
मेरी दिव्य दृष्टि चमत्कार ।"

"वो देख संजय !
वो आ रही कुंती उसपार ।
मैं, दुयोधन पिता धृतराष्ट्र
उसी का कर रहा इंतजार ।
संजय ! ला दे मुझे - मेरा खड़ग -
अभी करता कुंती संहार ।"

"मैं, दुयोधन पिता धृतराष्ट्र,
बचा लिया महा नरसंहार,
मैं, कर रहा इंतजार,
दो मुझे विश्व शांति पुरस्कार ।"

33. जिन्दगी और मौत की जंग, चलने दो-चलती रहेगी

जिन्दगी तो जिन्दगी है -
जीती ही रहेगी,
मौत तो बस मौत है -
हारी ही रहेगी ।
जिन्दगी और मौत की जंग,
चलने दो - चलती रहेगी ।

किसी ने क्या लिख दिया -
मौत सच है - टलेगी नहीं,
पर जिन्दगी है अपनी जिद पर,
नामोनिशान फिर मिटता क्यों नहीं ?

जीने दो यारों -
बखश दो उसे,
हमेशा तो जीता, पर -
"एक बार और" - बुला लिए कहके ।

क्यूँ समझते नहीं - इतनी सी ?
गर मौत की जीत होती -

तो ये जंग ही खत्म न हो जाती ?
और ख़त्म हो जाती मौत भी ।
जिन्दगी खत्म - फिर मौत किसकी ?

फख्र करो, जश्न करो -
जश्ने - जीत का नाद करो,
ये जिन्दगी की जीत है जी -
जो जीत - जीत कर -
जिन्दा कर देती - मौत को भी,
जो गर न जीतती - जिन्दगी,
मौत का नामलेवा भी -
नहीं मिलता कहीं कोई ।

जिन्दगी और मौत की जंग,
चलने दो - चलती रहेगी ।

34. शानु! तुम आ ही गए

शानु ! तुम आ ही गए,
छुपके, छुपाके,
मुनियाँ को छोड़ आए -
ऊँगली छुड़ा के ।

थोड़ा सा डरा के -
हमें तू रुला के,
रुलाते रुलाते -
फिर हँसा ही दिए,
शानु ! तुम आ ही गए ।

35. सबसे प्यारा अभी का पल

कितने - कितने छोटे पल -
पल पल बढ़ते इतने पल,
कल में बदले सारे पल -
सामने खड़ा आज का पल ।

सानी- सुंतुर का भी पल -
संग-संग पम्मी का पल,
जी ले तू हर पल का पल -
और भी अच्छा कल का पल ।

याद दिला के कल का पल -
याद भुला दूँ कल का पल,
जिस कल में था माँ का पल -
पहली बार नहीं वो पल ।

माँ का पल होता है हरपल -
चाहे रहे या ना वो हरपल,
कहाँ पूछता कान्हा हरपल -
कहाँ यशोदा माँ है हरपल ।

अच्छे पल और दुखते पल -
चारों तरफ बस पल ही पल,
तेरा पल या उसका पल -
सबसे प्यारा कौन सा पल ?

इसका पल या उसका पल -
वो भी कहेगा मेरा पल,
न इसका पल, न उसका पल -
सबसे प्यारा अभी का पल ।

* 9 7 9 8 8 8 9 0 0 2 2 0 8 0 *